11.621 45167CB00008B/3475 [212317660]

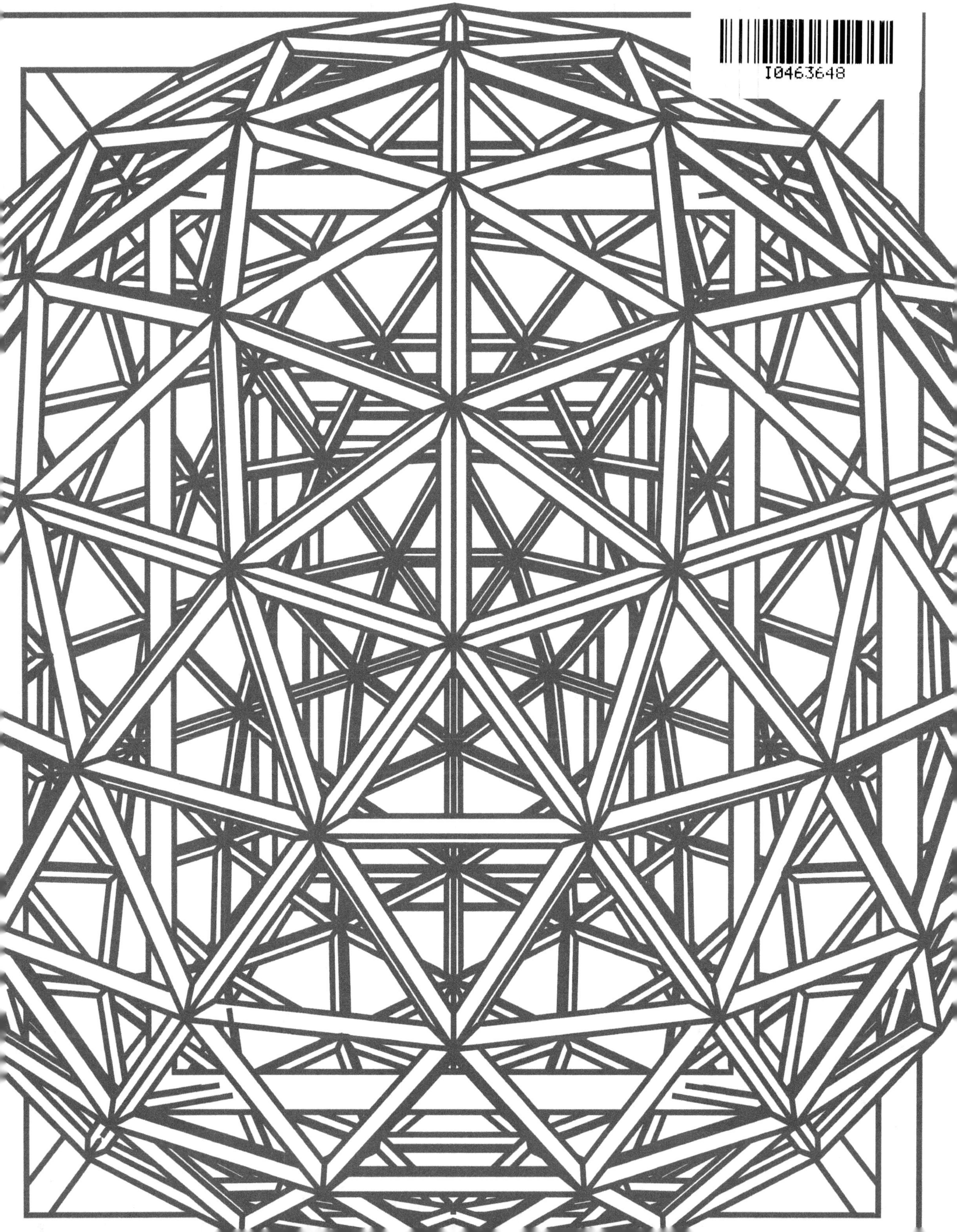

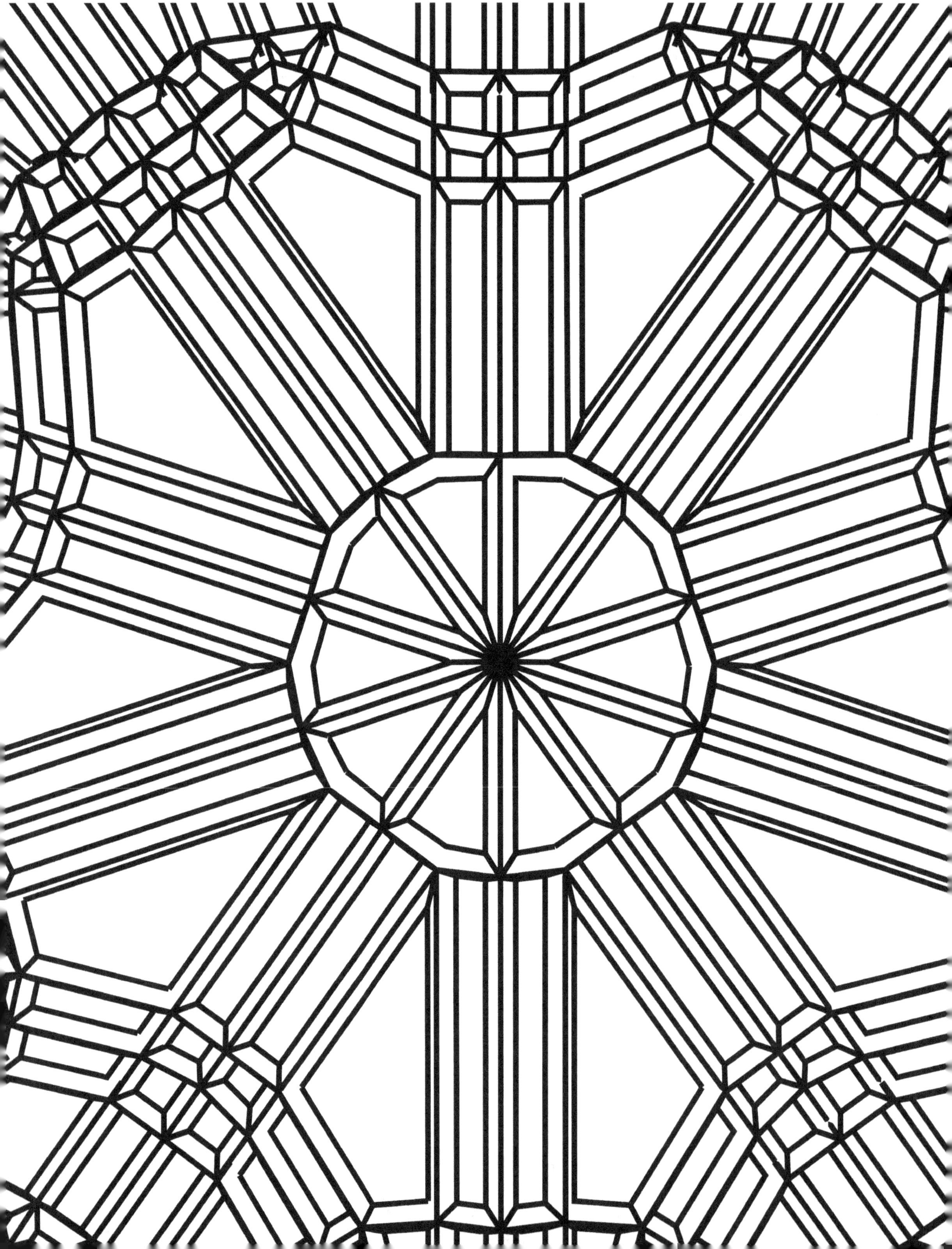

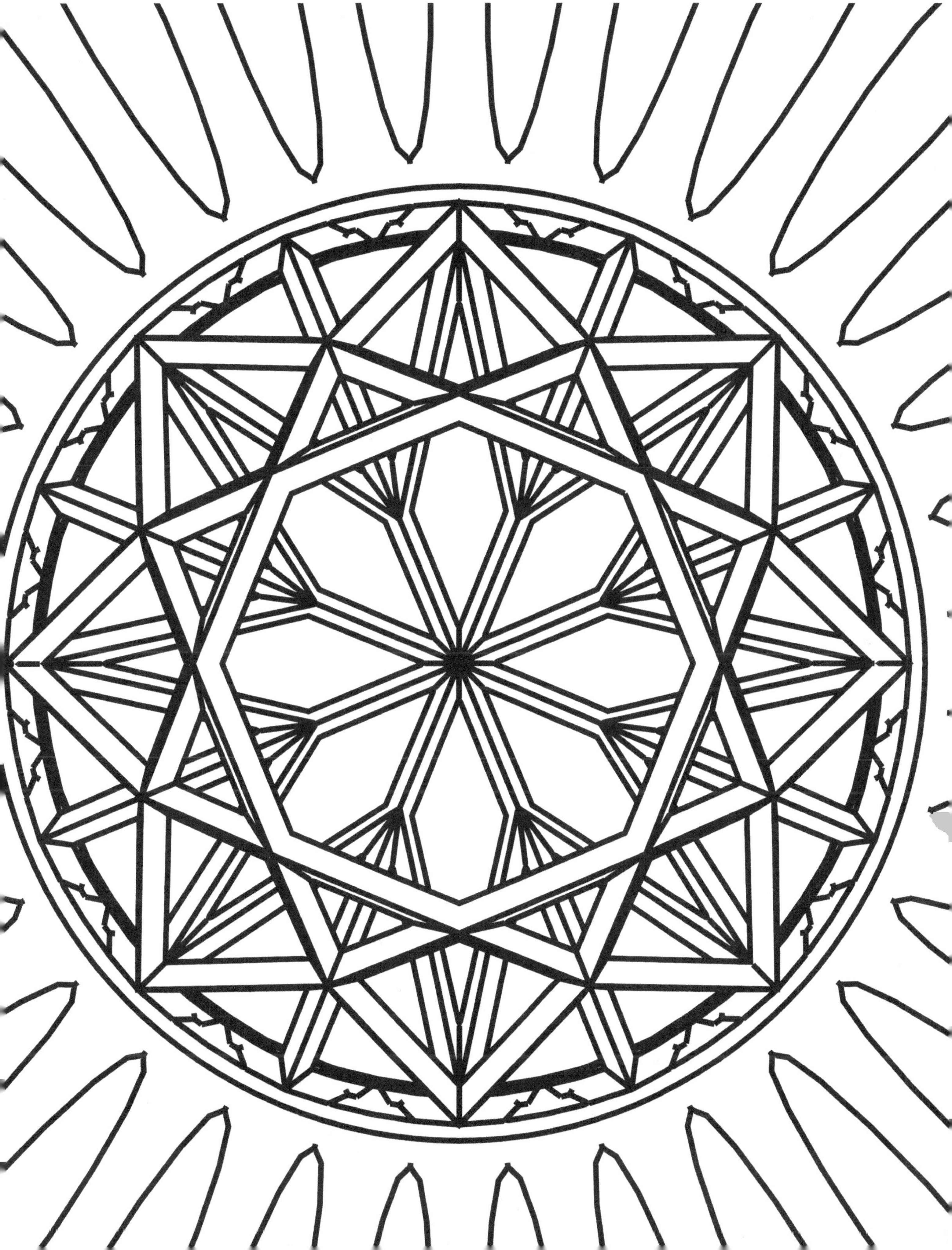

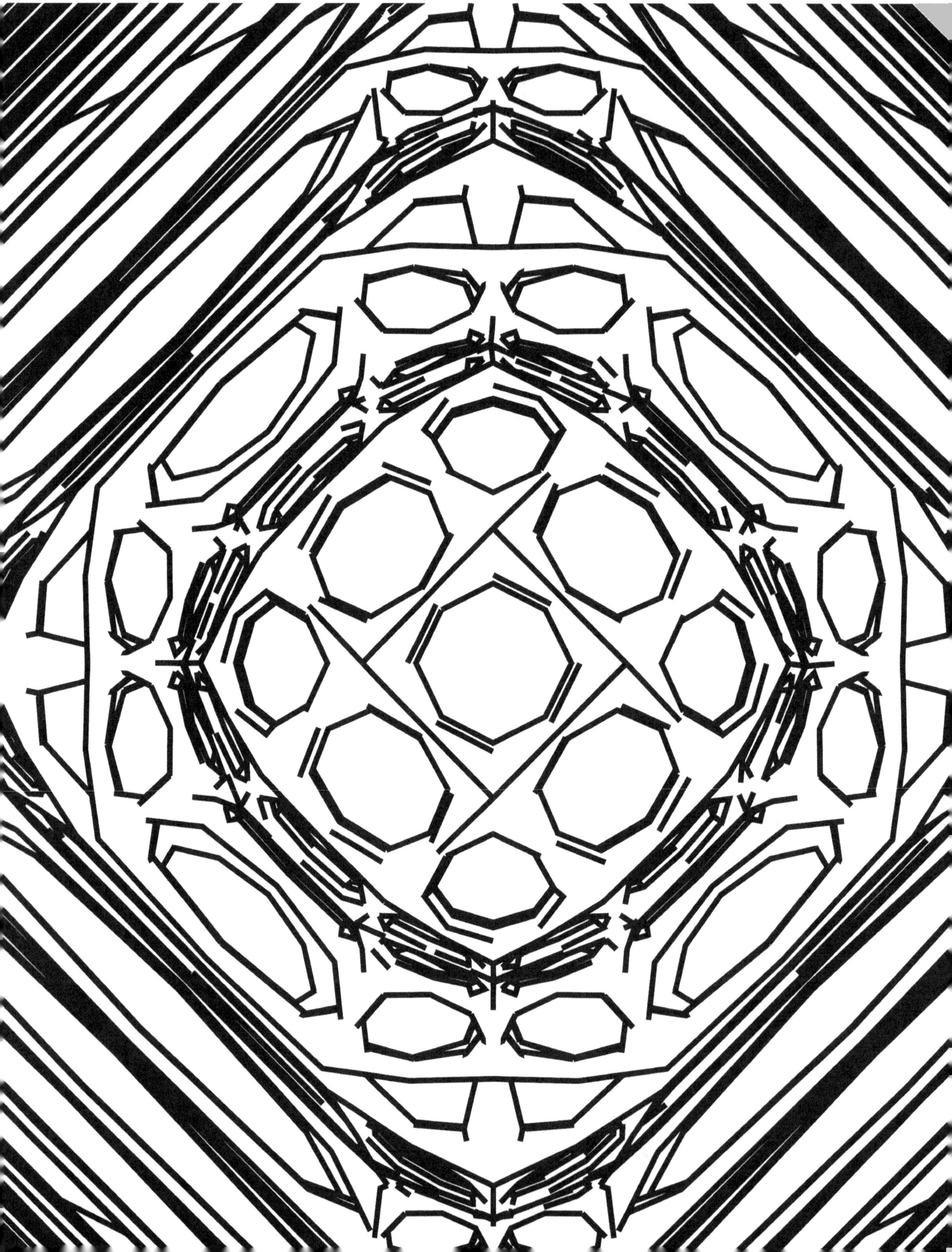

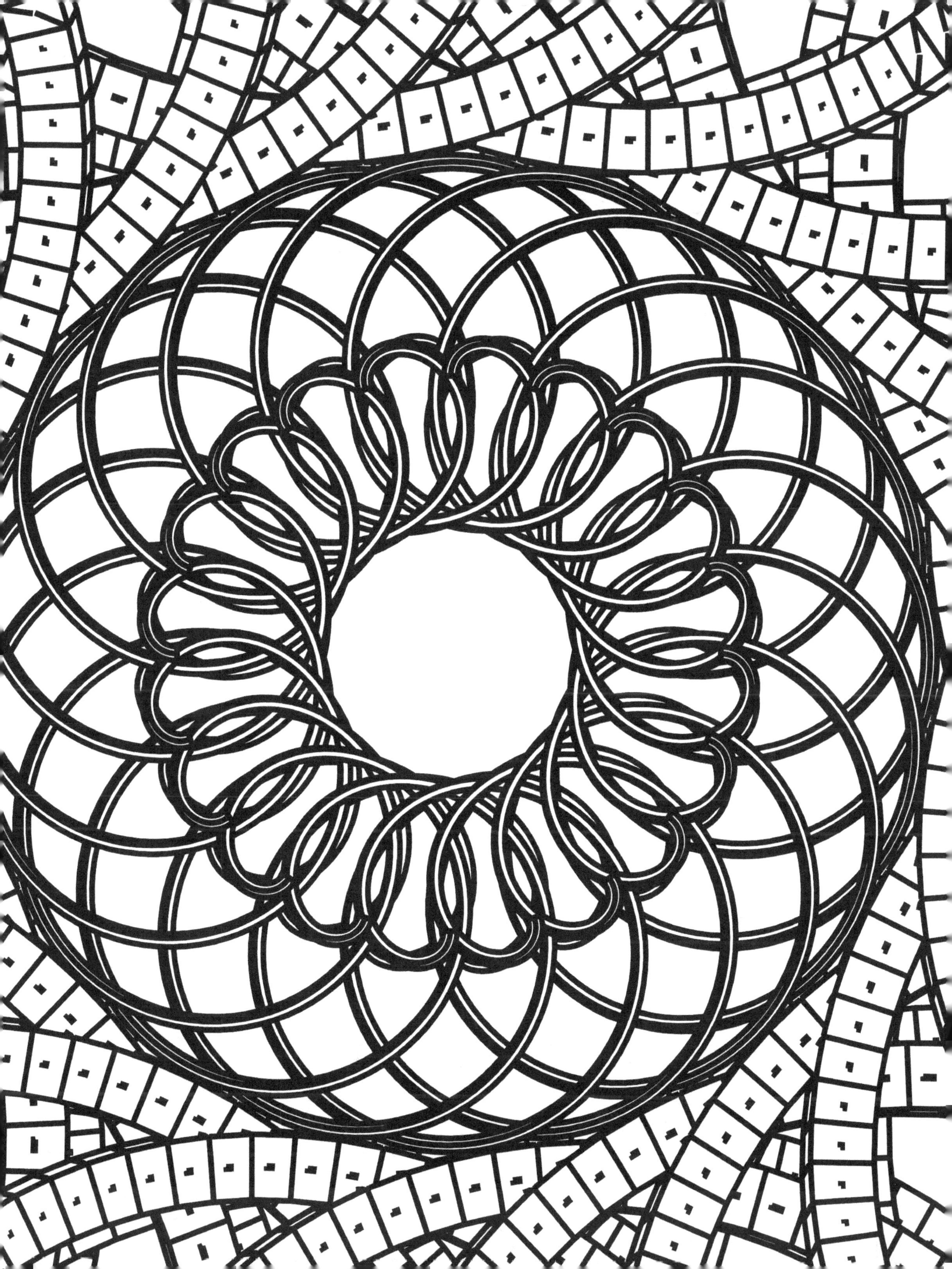

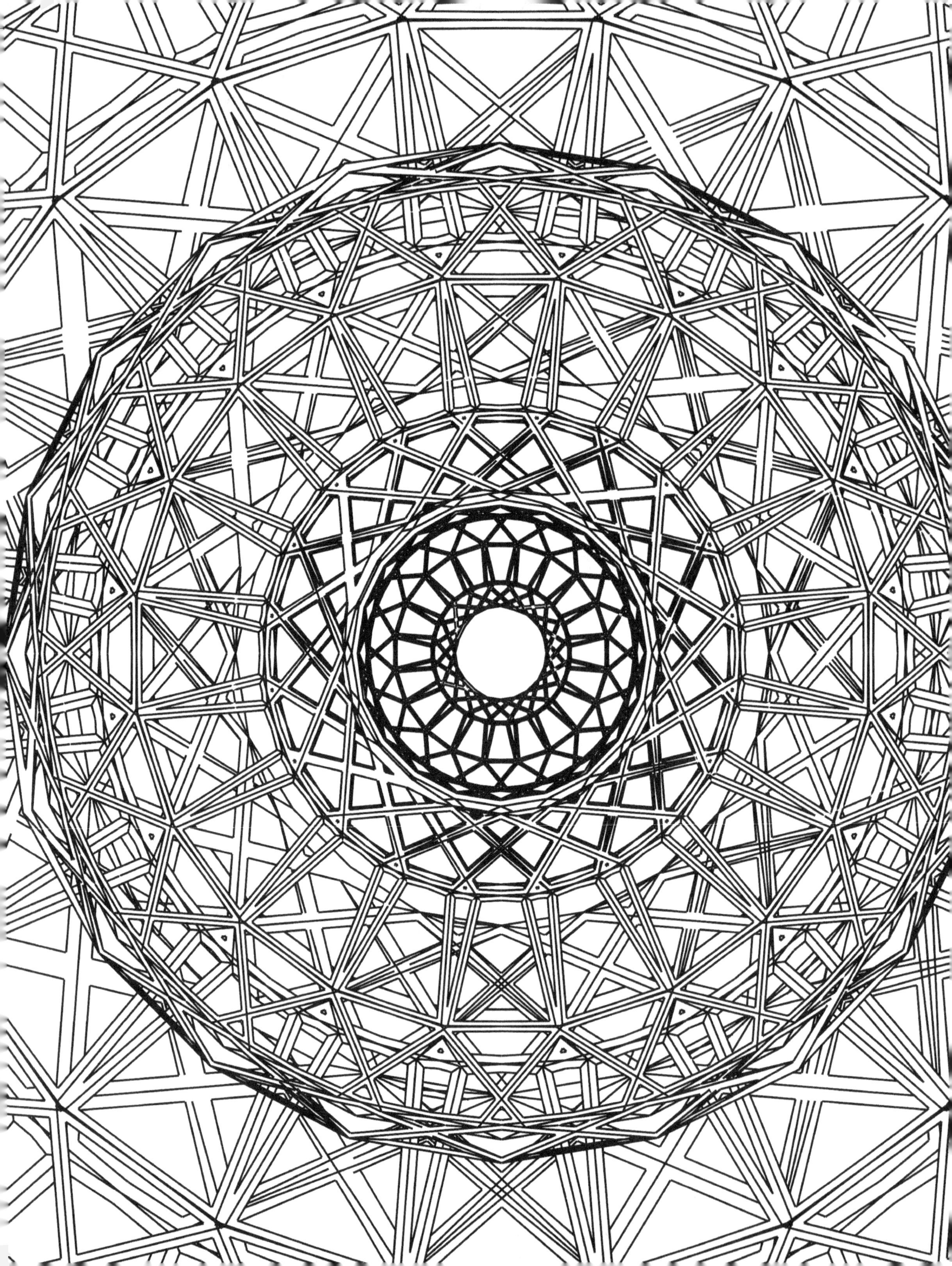

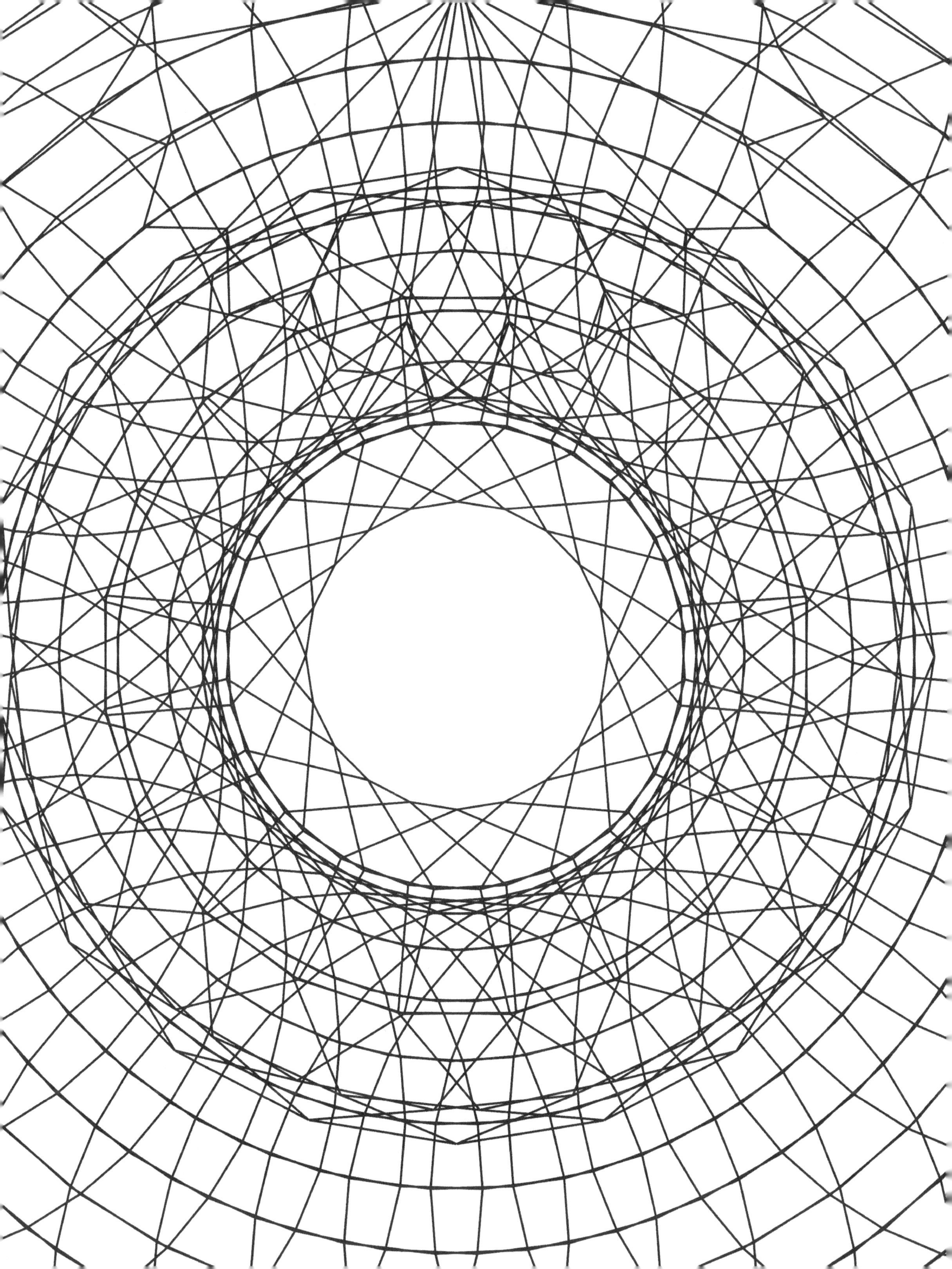

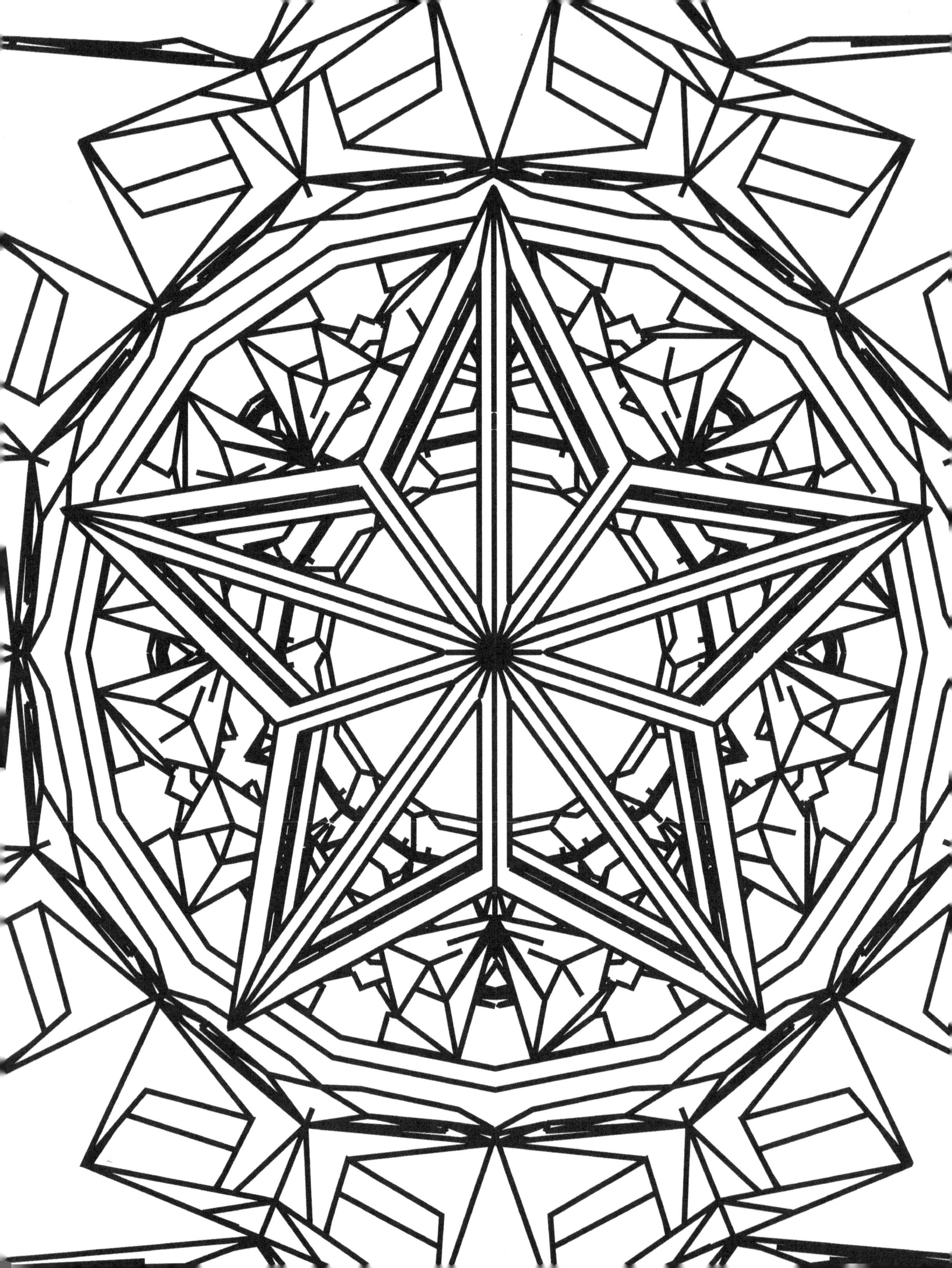

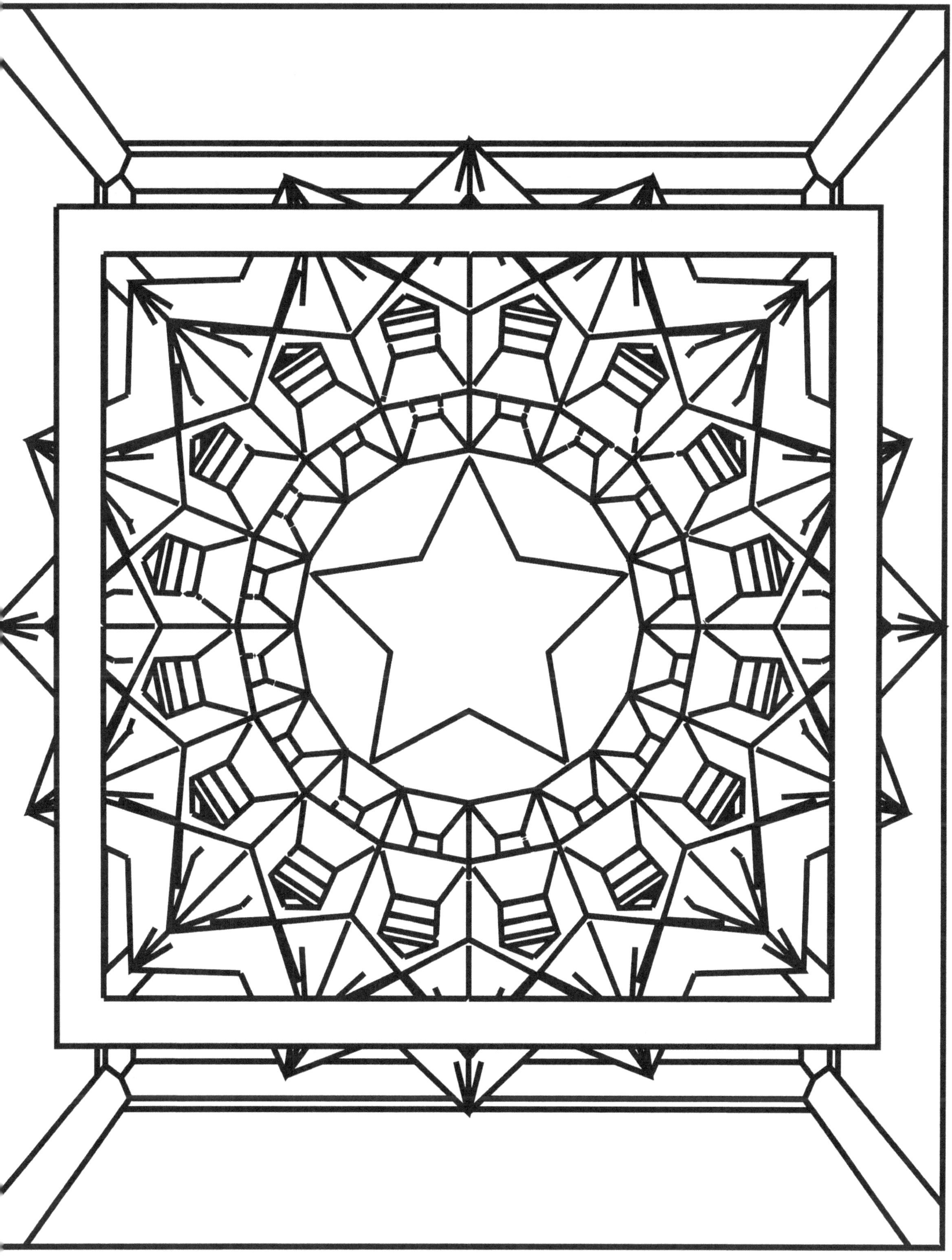

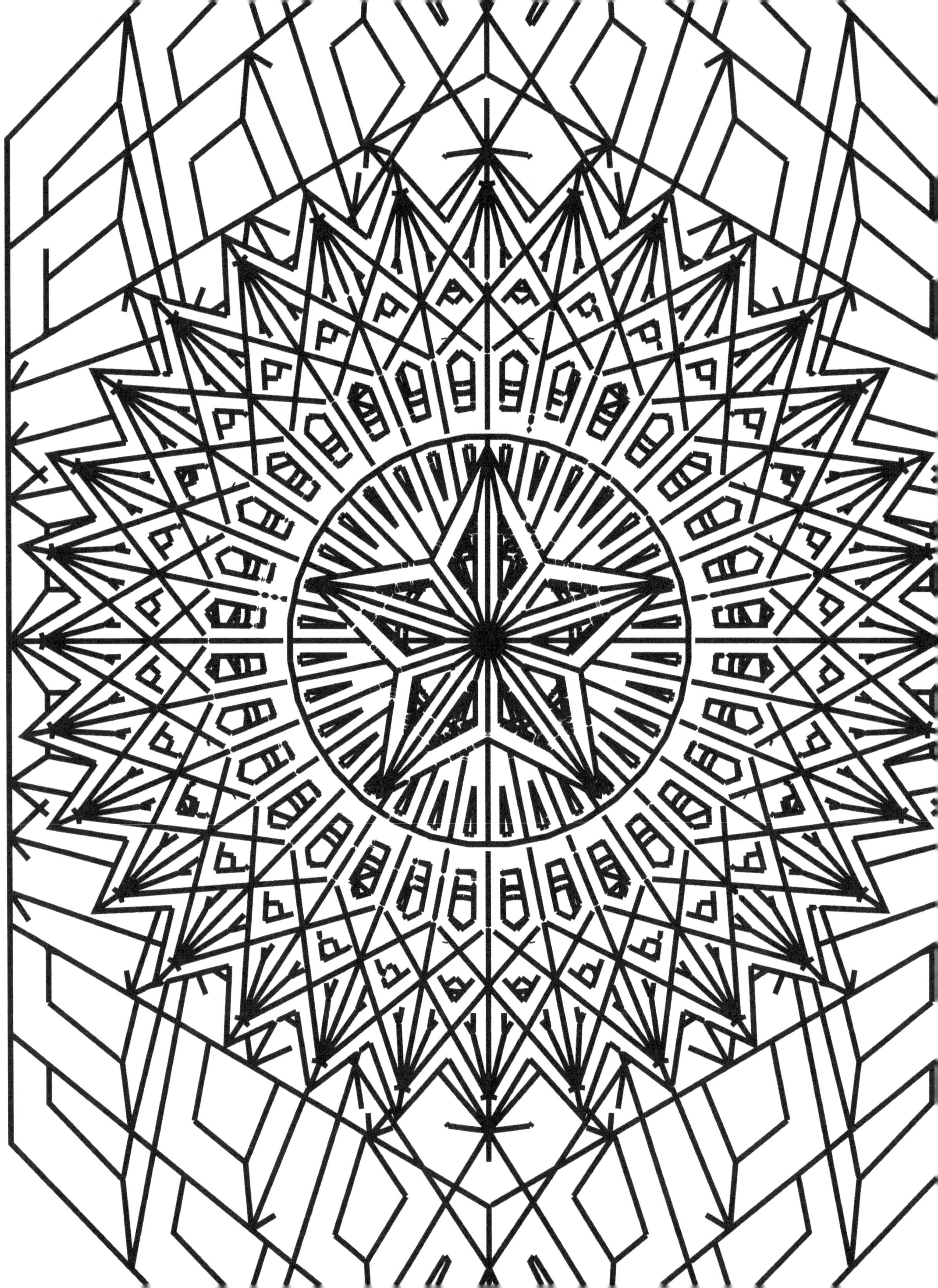

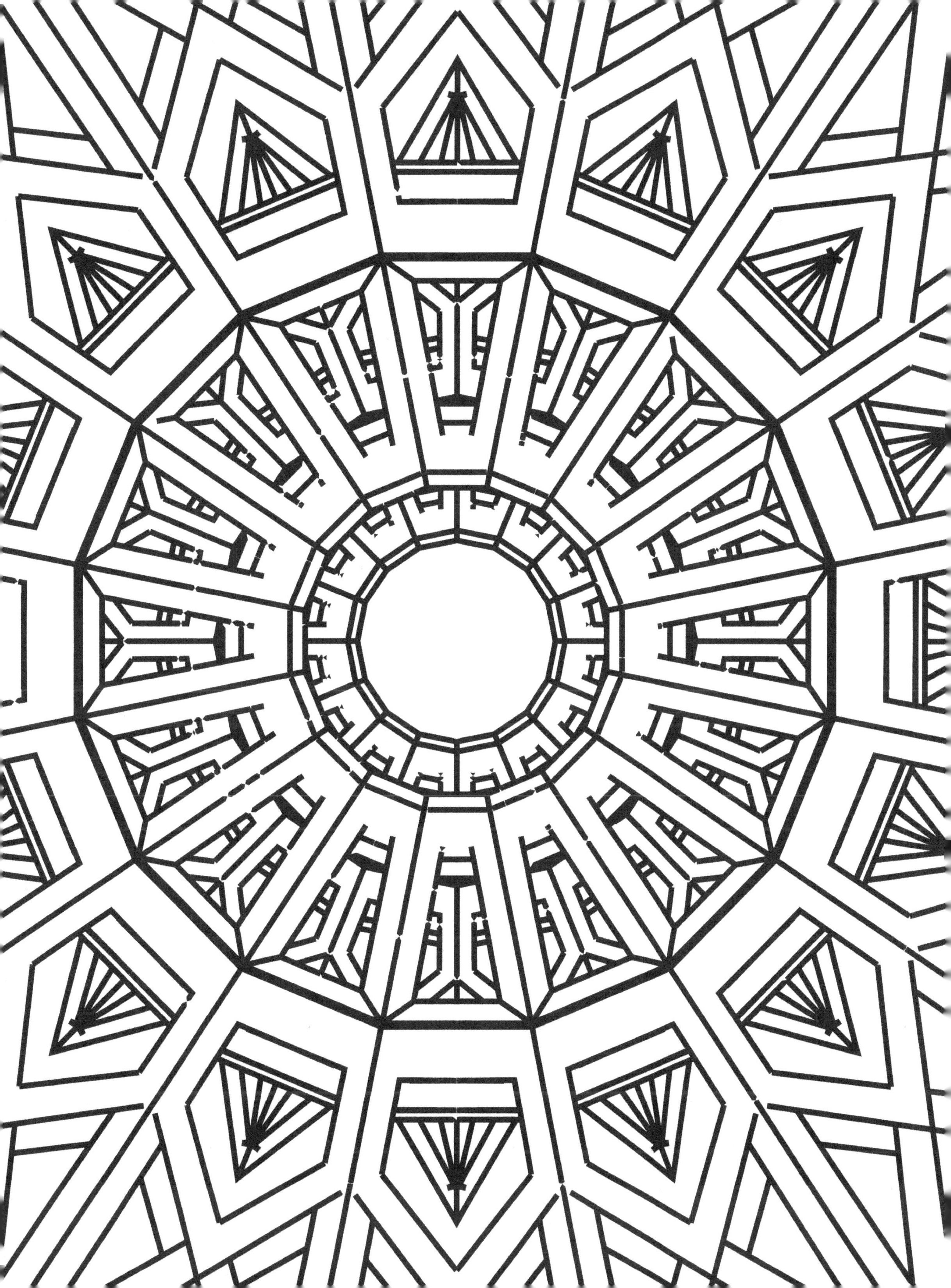

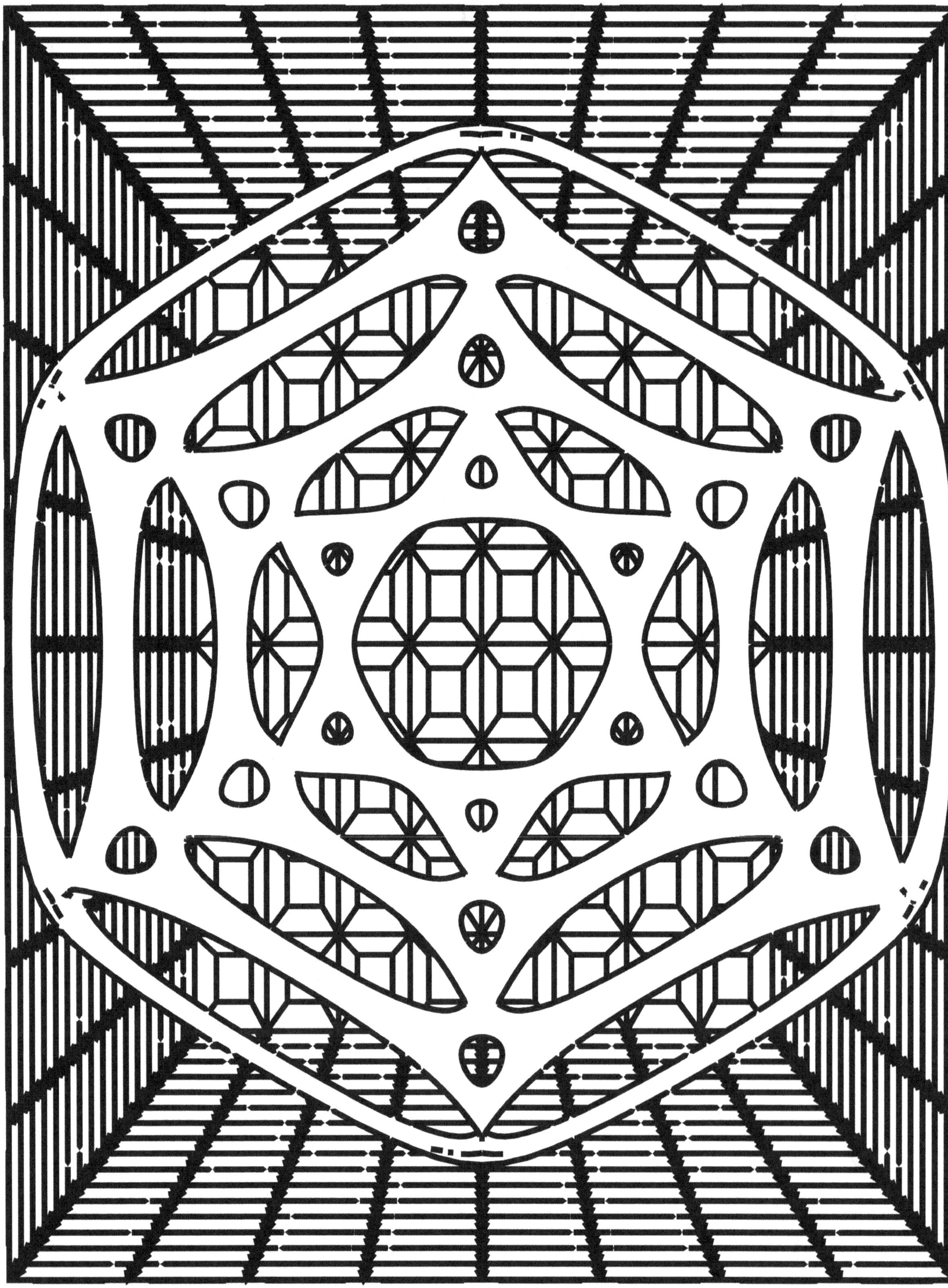

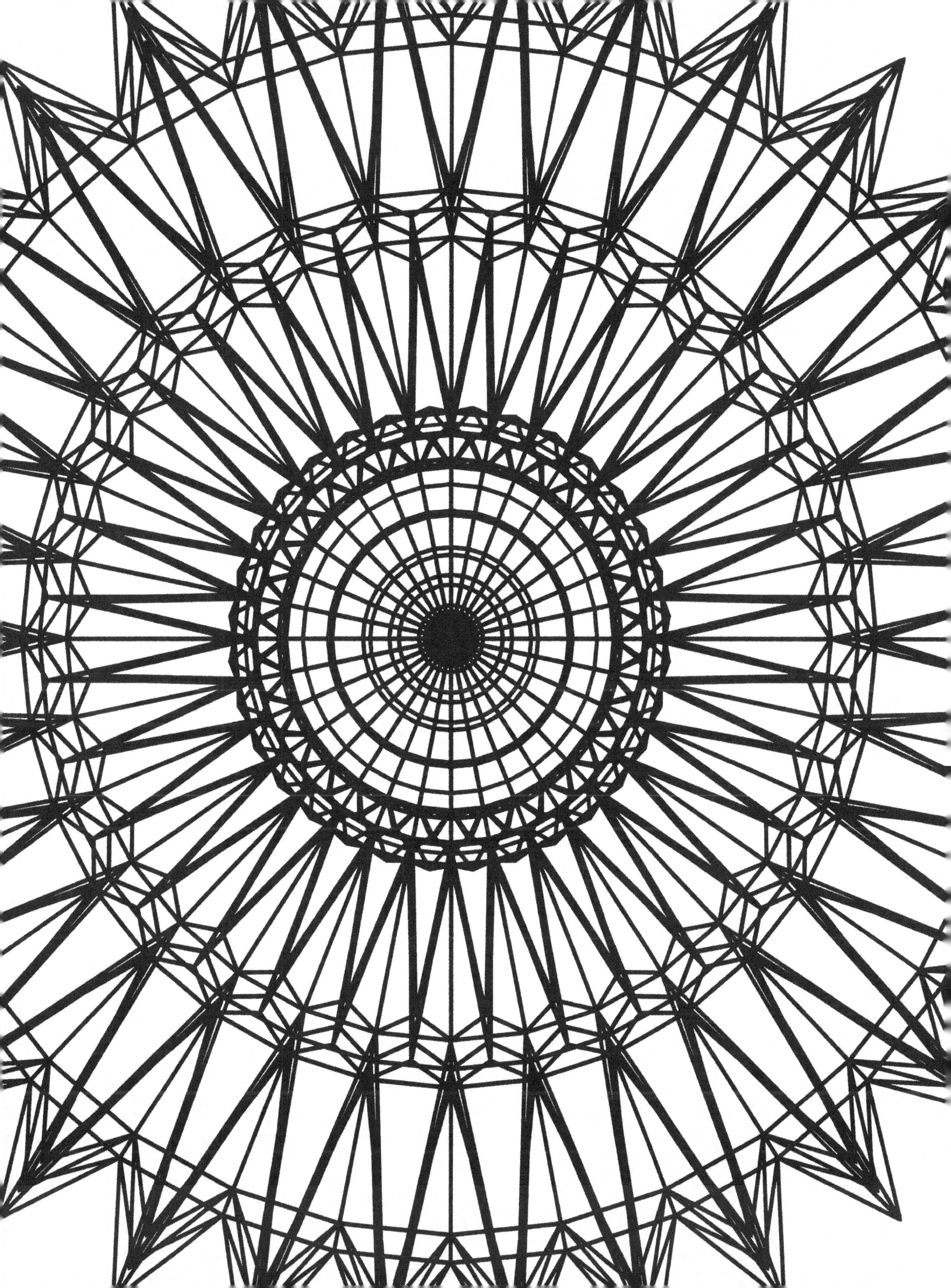

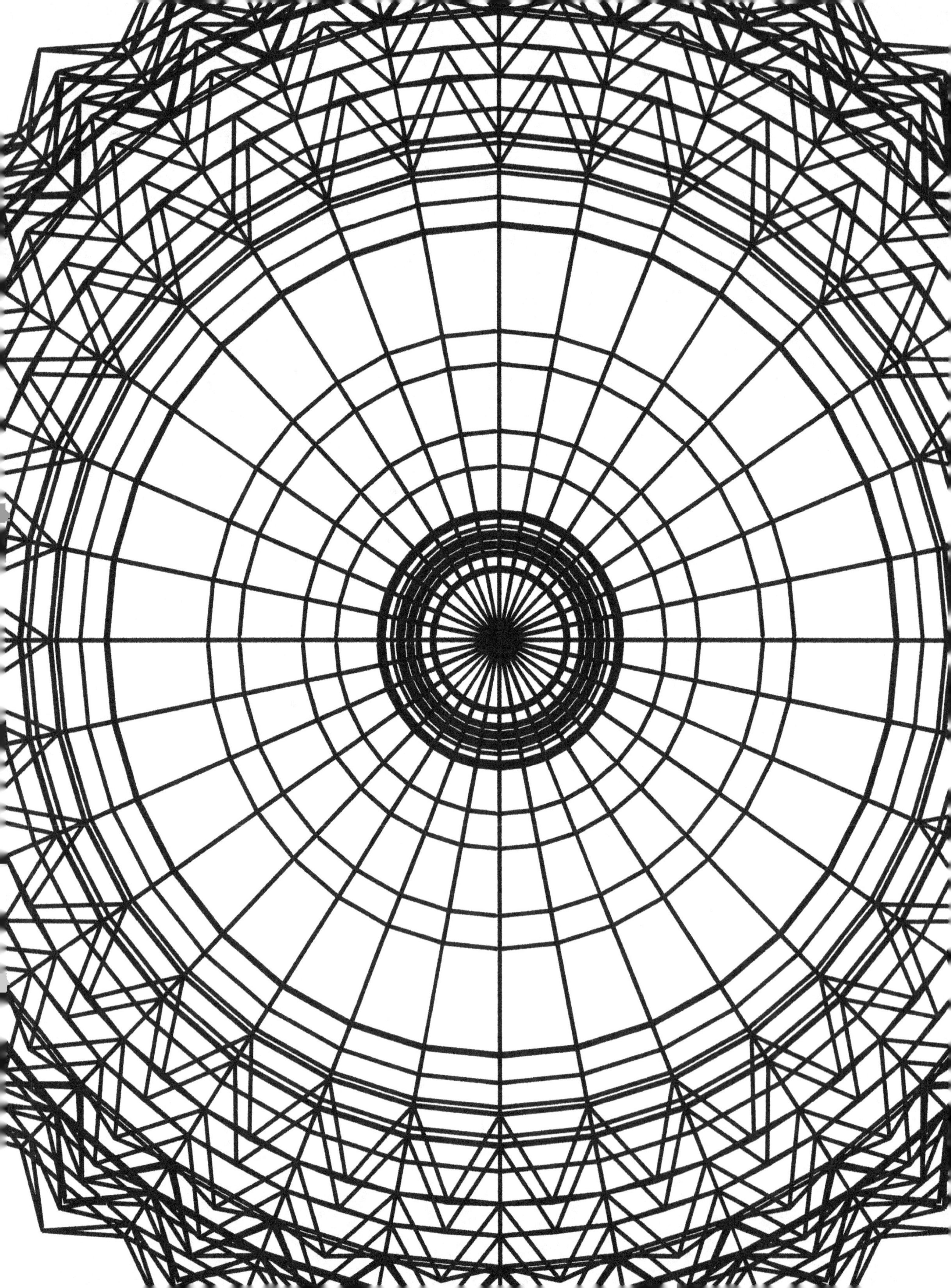

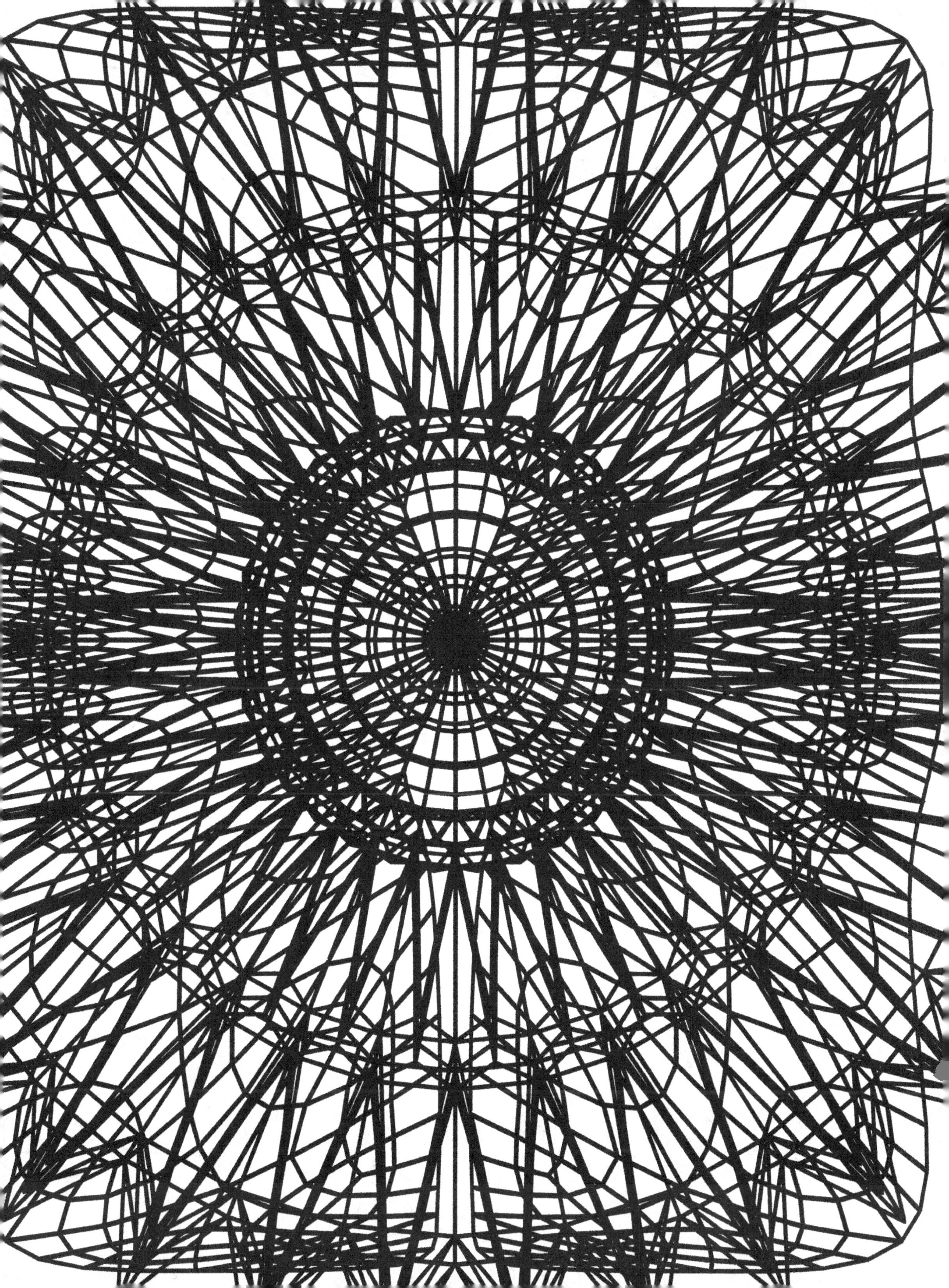

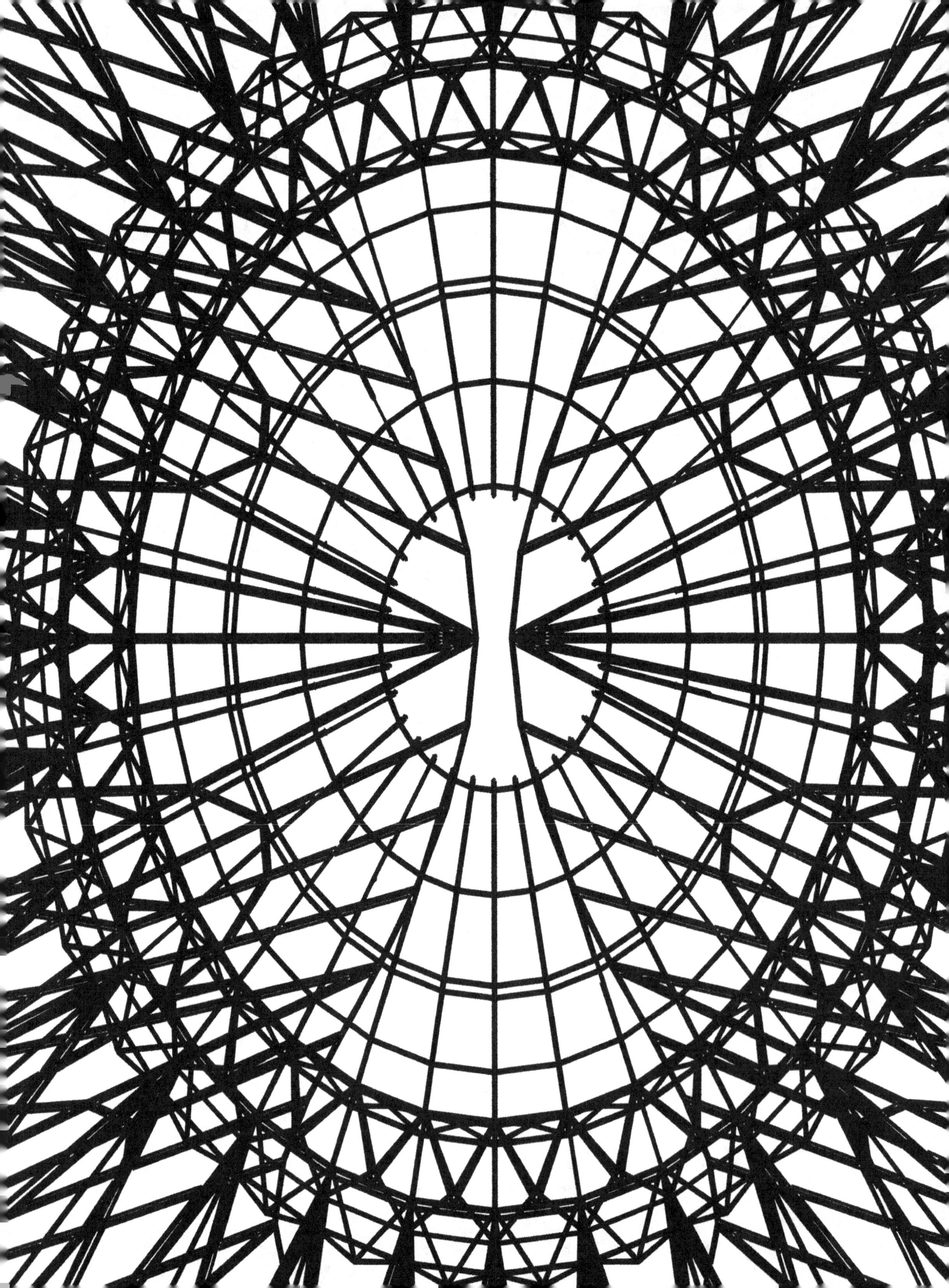

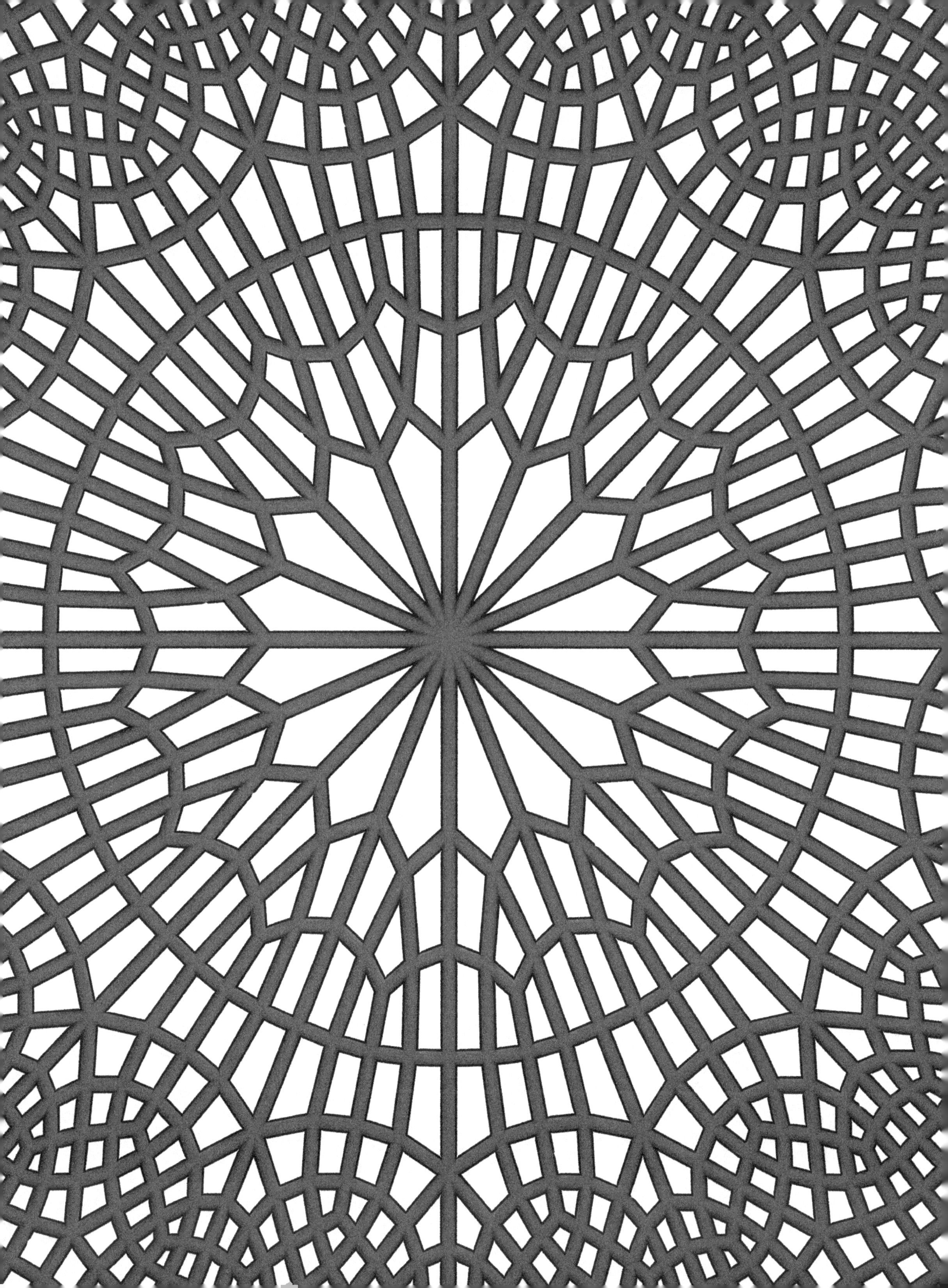

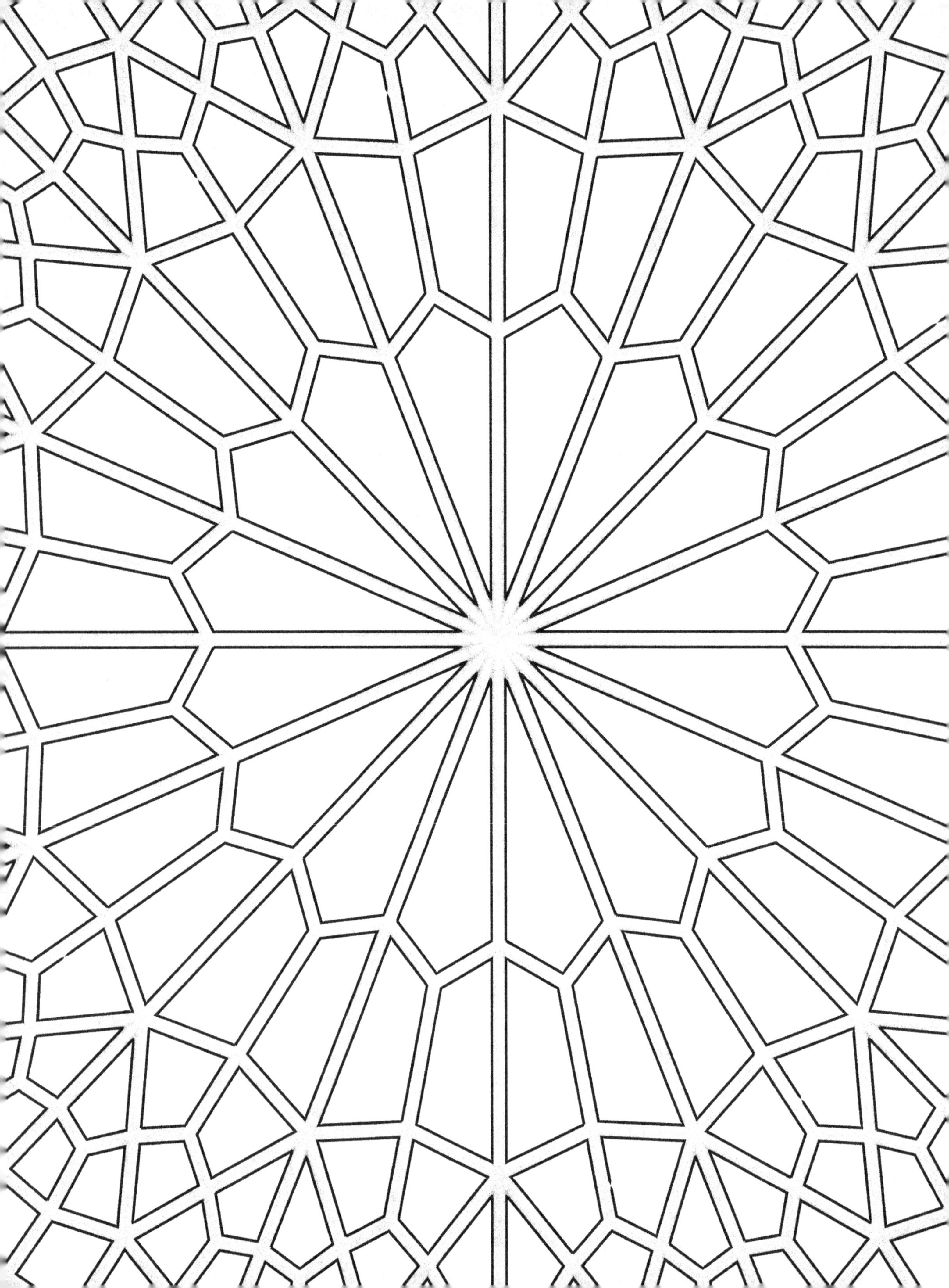

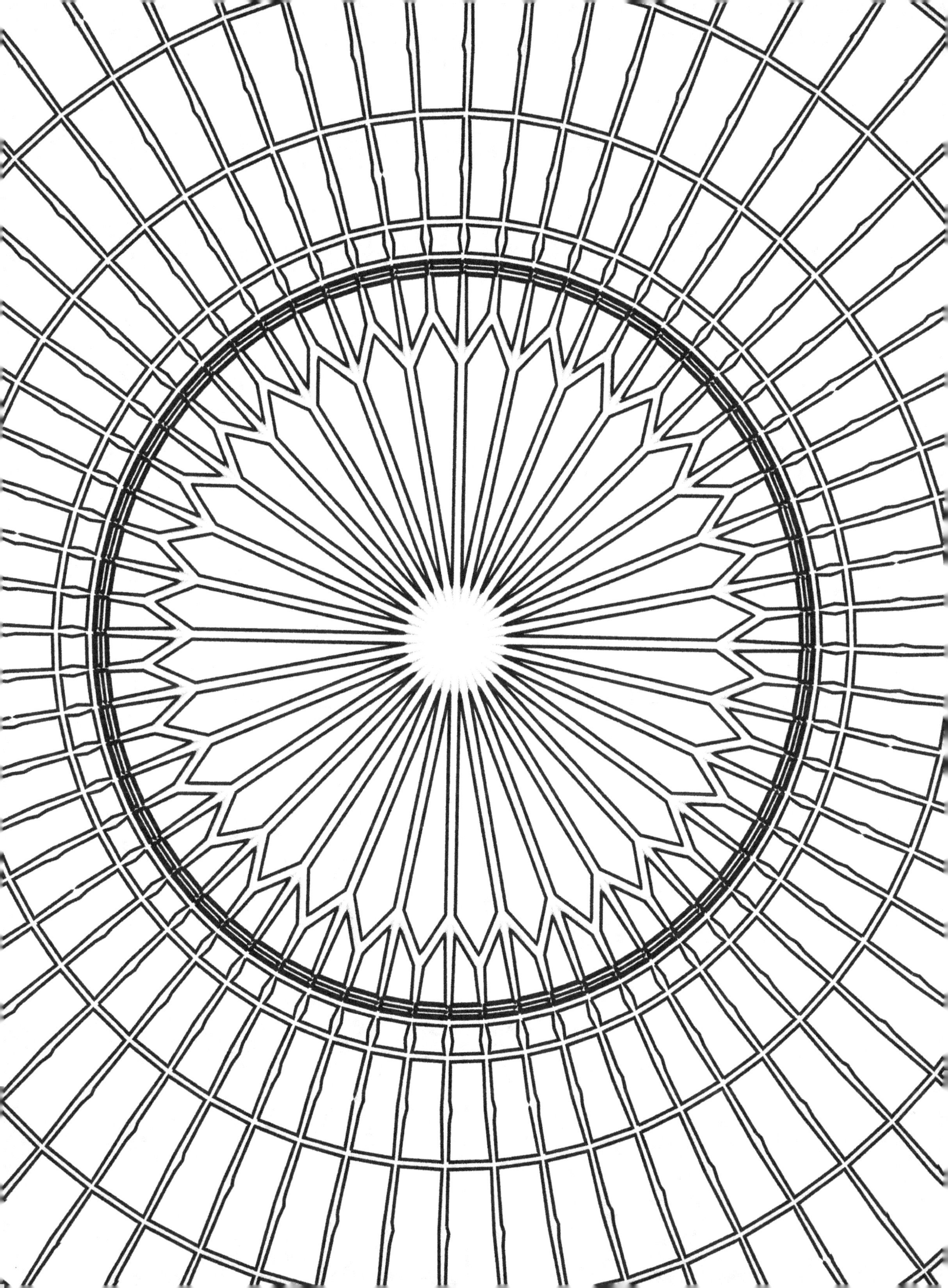

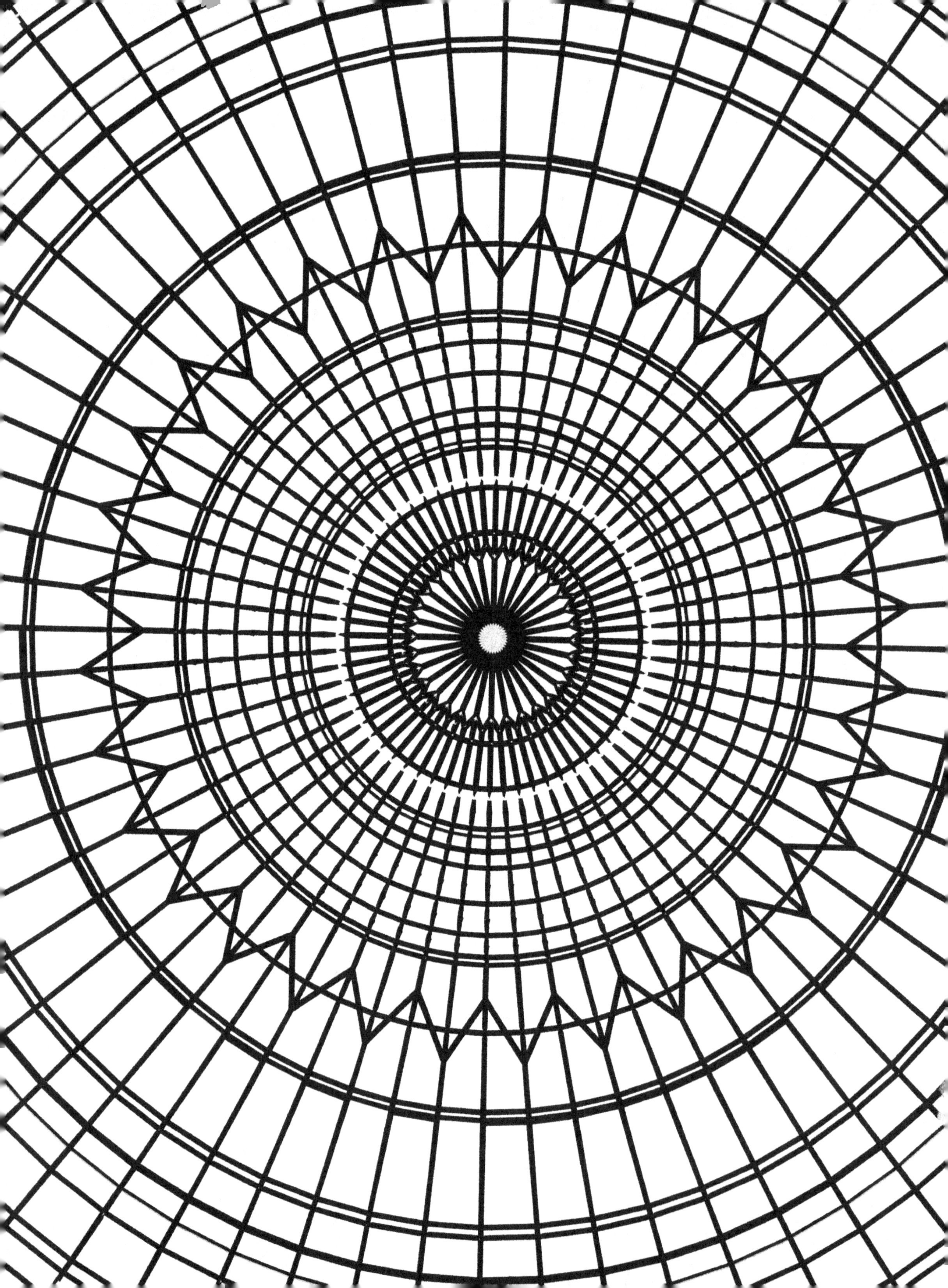

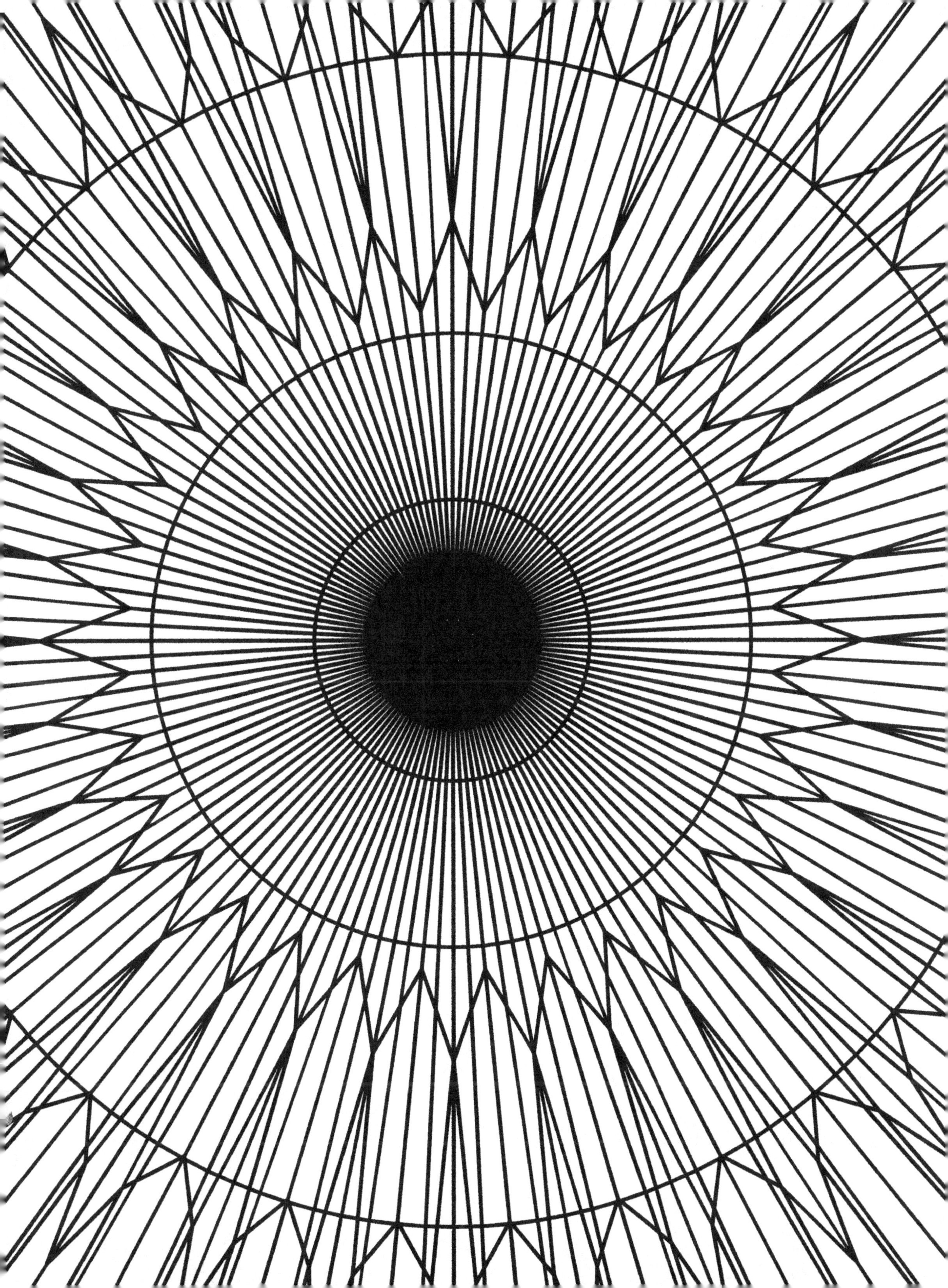

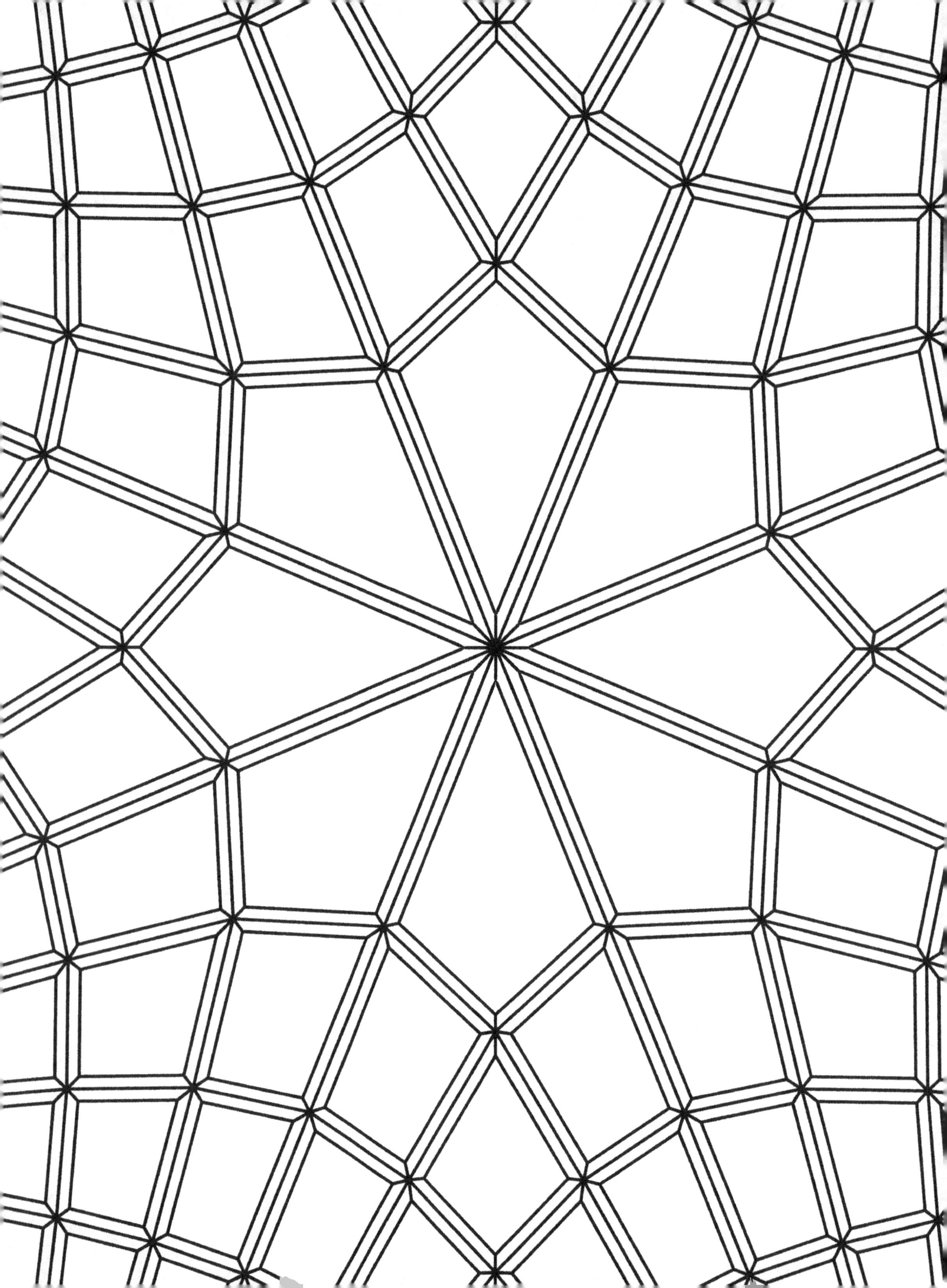

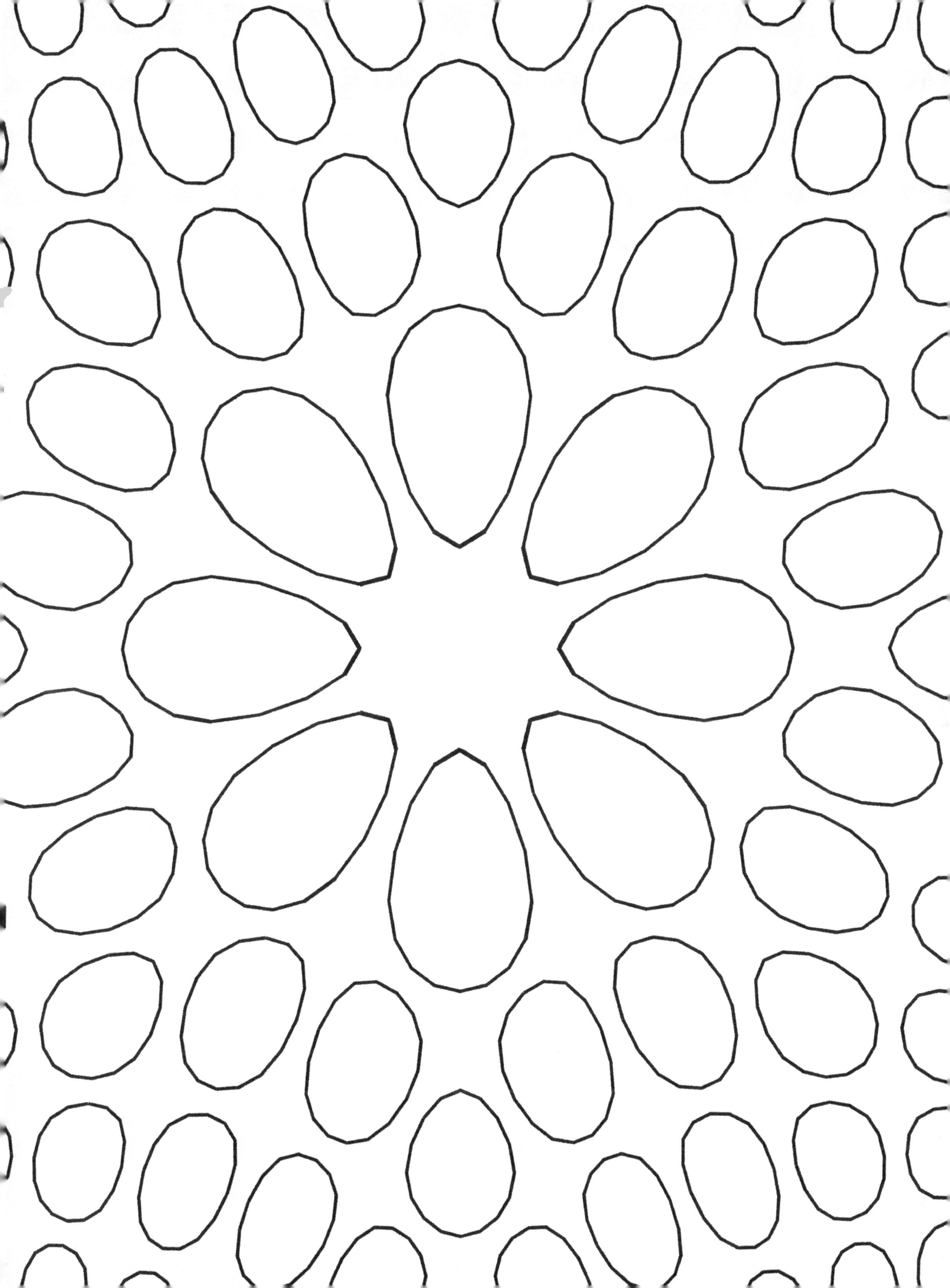

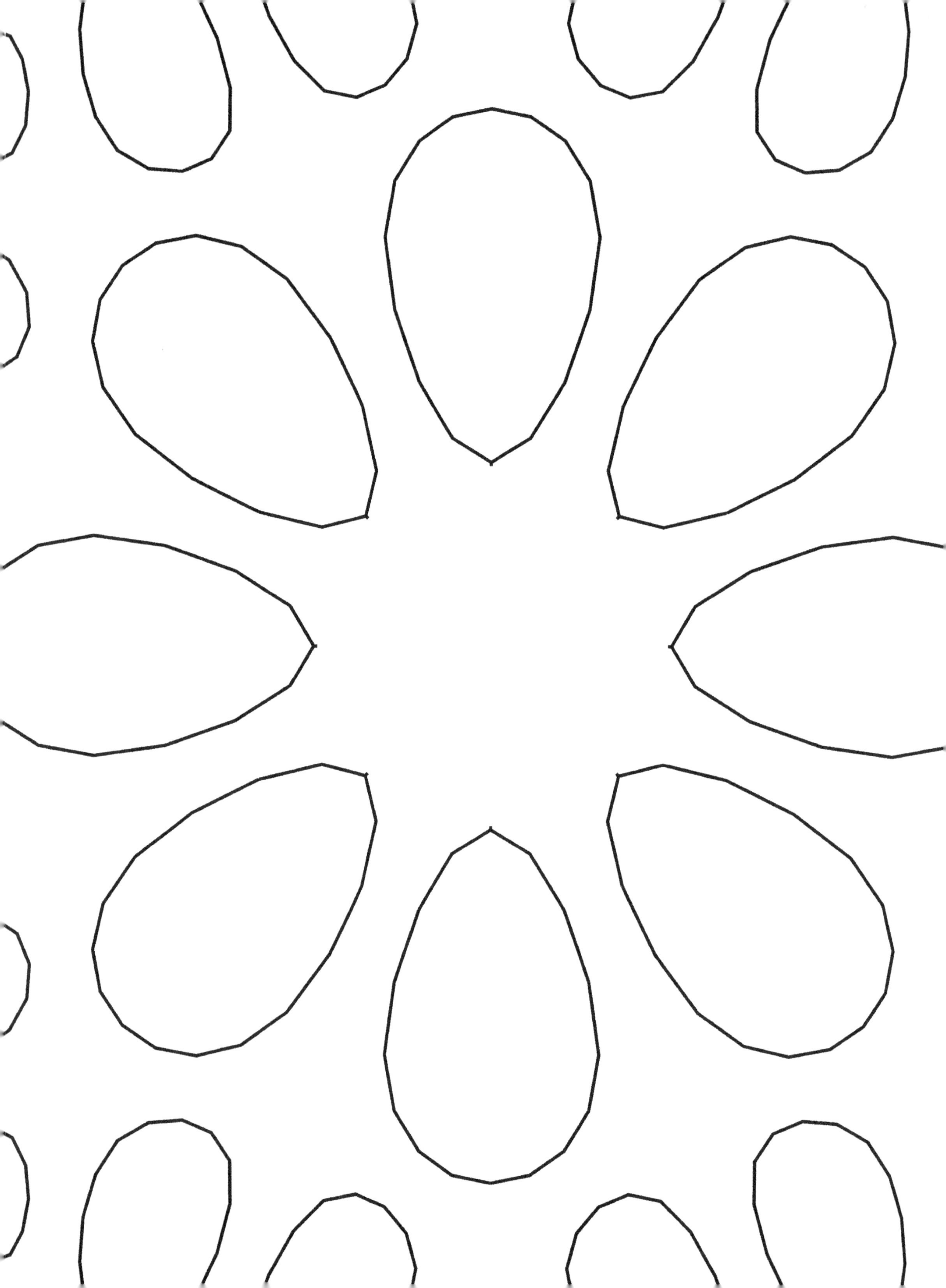

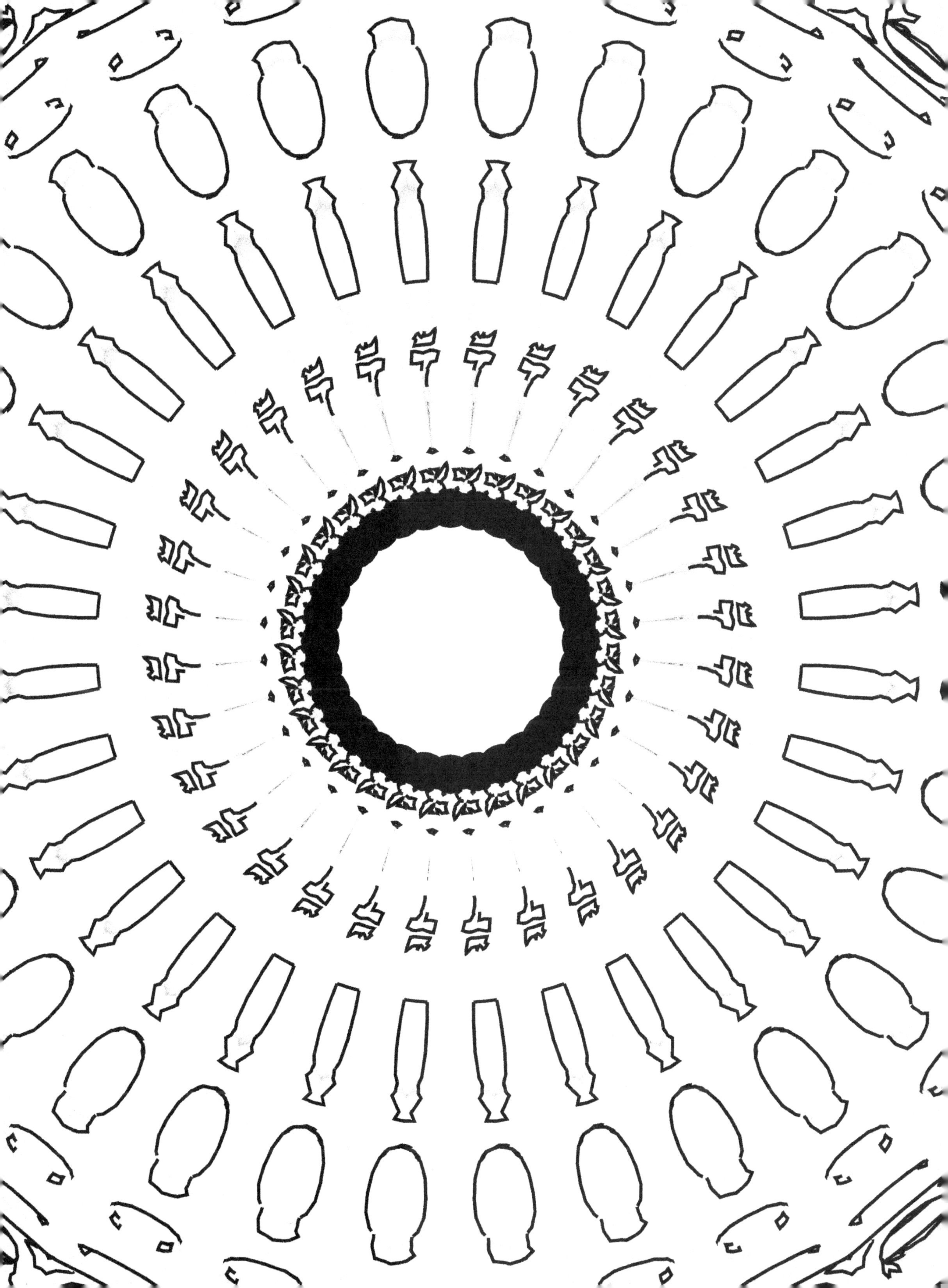

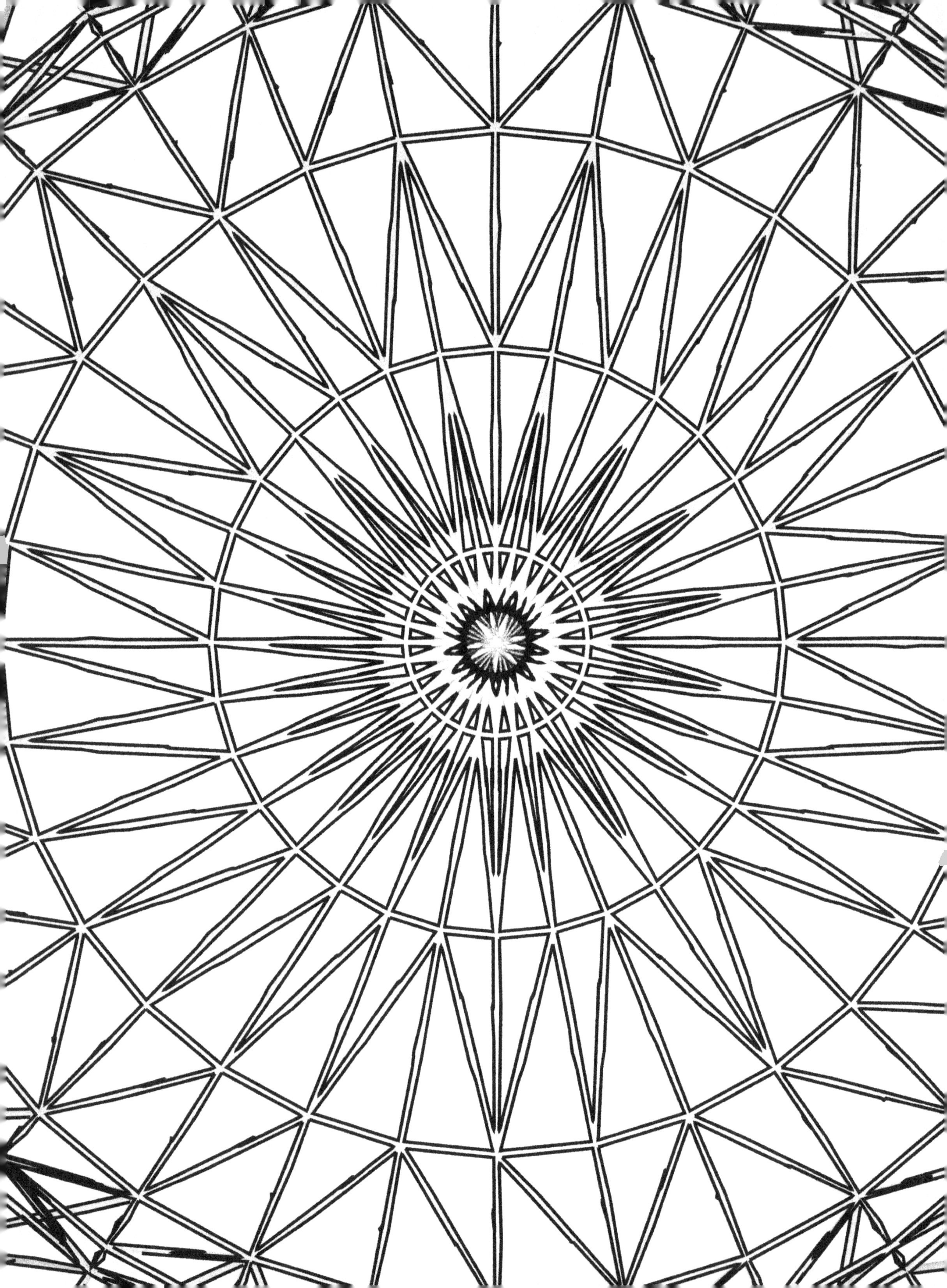

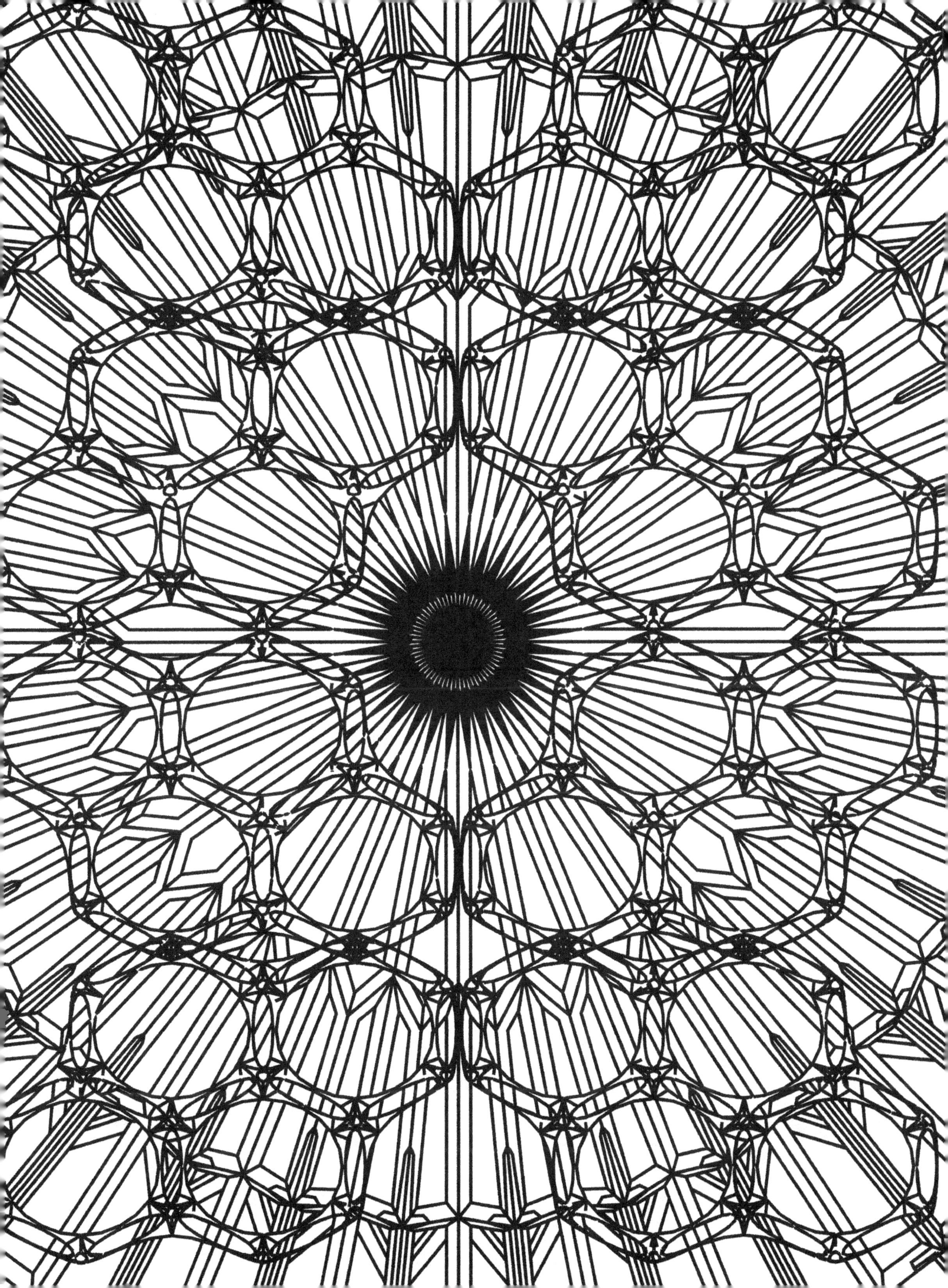

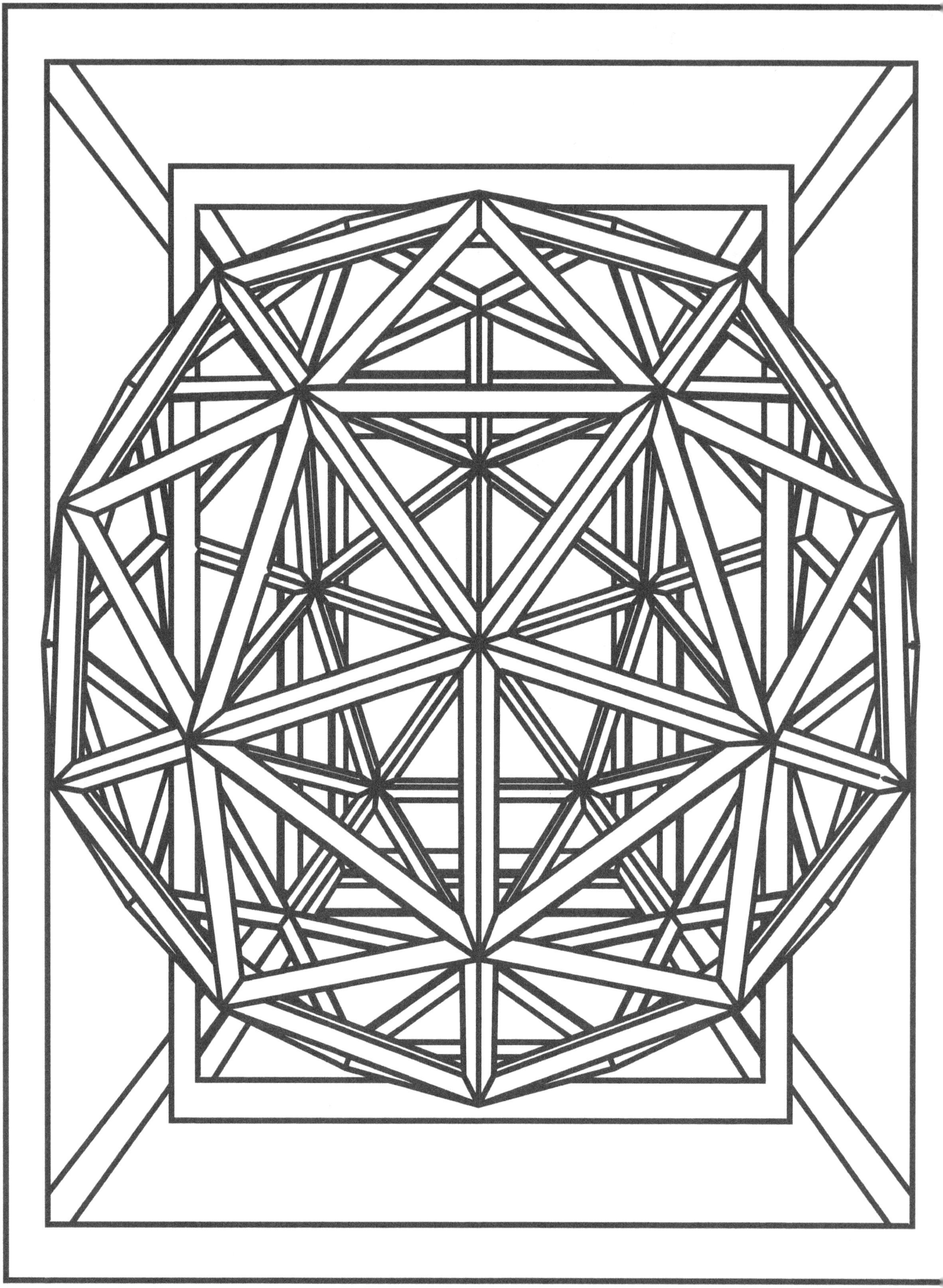